"같은 하늘
다른 삶"

다섯 번째 시집

글·그림: 逸亭 김영춘
그림협조: 김솔미

"같은 하늘
다른 삶"

생각나눔

나는 누구에게 무엇이었던가

나는 누구이고 누구에게 나는 무엇인가?
같은 하늘 아래 다른 삶이 있다면 나는 어떤 삶을 살고 있는 걸까
내가 나이길 바라는데 인생이 나이길 거부한다면
또 나는 어찌해야 하나.

어느 날인가 누구의 강요도 없이 홀로 묻고 홀로 답을 하며 세상의 누구이길 바라는 마음으로 살아가고 있는 나 자신을 깨닫는다. 비록 답은 없지만 질문은 있었으니 스스로 답도 내본다. 정답이 있을 리 없다.

똑같은 하루를 의무처럼, 그리고 던져진 화두처럼 어쩌다 인생의 심부름꾼으로 나는 살아가고 있었을 뿐이다. 심부름이 자신에게 주어진 임무일 수도 있고, 스스로 짊어진 삶의 부채일 수도 있고 또 누군가로부터 이어받은 임무의 승계일 수도 있다. 어찌됐든 겪어보지 못하고 경험해볼 수밖에 없는 서툰 모험의 도전임에는 틀림없다. 그래서 어색할 수밖에 없는 것이다. 긴 시간 힘들 때마다 이 순간은 인생에 있어서의 먼지 같은 짧은 시간일 뿐이다라고 스스로를 세뇌시키며 살아왔다. 그랬기에 심부름 끝내는 날 나는 반드시 나에게 물을 것이다. 정녕 너의 삶은 고달팠는가 아니면 행복했었는가를 말이다.

    긴 호흡은 긴 대로, 짧은 호흡은 짧은 대로 변명같이 어지러운 삶의 발자국들을 담아보았다. 곁들여 세상의 흔적을 담아보려 노력도 했다. 그러다보니 어느 새 시간이 흘러 벌써 다섯 번째 詩集이 만들어졌다. 이기성 편집장님과의 전화 인연으로 시작된 시집의 발간, 稚氣치기도 있었고 직장을 옮겨 다니면서 나름 활력도 얻으며 나르시스에 빠져 살아왔고 힘든 줄도 몰랐다. 사랑하는 손녀의 그림 도움과 재롱에 다시 활력을 얻기도 했고, 주위에 늘 공기처럼 녹아있는 아내의 흔적이 나를 부추키기도 했다. 이 책을 내는데 고마움을 준 모든 분들의 배려와 그리고 이 책을 보아주시는 모든 분들의 이해심, 이 모든 게 나에게 있어선 모두 고마움의 한 형태였다. 모든 것이 고맙다 그리고 감사하다.
    이 말밖에는 더 얘기할 게 없을 것 같다.

다섯 번째 시집 · 같은 하늘 다른 삶

목차

서문
나는 누구에게 무엇이었던가

제1부
시간속에 갇힌 새처럼

당신의 바람꽃 · 13 | 산불1 · 14 | 산불2 · 16 | 칡넝쿨 · 18 | 황무지에서 핀 꽃 · 20 | 잡초 · 22 | 누군가 길을 잃었다면 · 24 | 인생은 불확실한 길 모퉁이 · 26 | 우리는 사랑과 이별을 배우기 위해 산다 · 28 | 만남과 헤어짐 · 30 | 우산으로 가릴 수 있는 것 · 32 | 길 가에 핀 꽃 · 34 | 버스 정류장 · 35 | 떠난다는 건 돌아오기 위함이다 · 36 | 길에서 만난 친구가 낯설다 · 37 | 커다란 날개 · 38 | 눈물 · 40 | 화성으로 간 말의 최후 · 42 | 같은 하늘 다른 삶 · 45 | 가린다고 보지 않음은 · 46 | 가졌다고 버린 것과 같다 · 46 | 절실함과 소중함 · 48 | 시간 속에 갇혀 사는 새 · 49 | 결혼은 전쟁을 닮았다 · 50 | 손주 · 52 | 애기 봐주러 가는 길 · 53 | 특수 상대성 이론의 사랑 · 55 | 풀 한 포기에 스미는 노래 · 57 | 하루의 가벼움 · 59 | 심부름과 소풍 · 60 | 계단 앞에서 · 62 | 인생의 형태 · 64

제2부
남은 인생 남을 인생

남은 인생 남을 인생 · 69 | 꽃잎 · 71 | 언어의 바다 · 72 | 빗속의 自我^{자아}를 찾아서 · 73 | 풀잎과 바람 · 74 | 때론 빗나간 인생이 아름답다 · 75 | 좋은 사람 나쁜 사람 · 76 | 우리는 얼마나 사랑받고 살았나를 모른다 · 77 | 가야 할 길 · 79 | 손님 · 81 | 迷兒 · 82 | 만남이 어려운 이유 · 83 | 흔들리는 도시 · 84 | 스노우볼 도시 · 86 | 딱따구리 소리 · 88 | 所有^{소유}와 消滅^{소멸} · 89 | 白旗^{백기} · 90 | 蓮燈^{연등}에 쌓인 먼지를 불며 · 92 | 초월 · 94 | 망각과 무관심 · 95 | 눈(雪)의 의미 · 96 | 마술사와 눈(雪) · 98 | 이 가을을 고발합니다 · 100 | 대왕 저수지의 가을 · 102 | 들국화 · 104 | 송충이 · 105 | 북한산이 살아가는 방법 · 107 | 어떤 의미 · 109 | 흔적 · 110 | 똥파리에게 고함 · 112

제3부
정해진대로

詩^시의 用處^{용처} · 117 | 청춘의 꿈 · 119 | 사람은 시련으로 큰다 · 120 | 나팔꽃 세상 · 122 | 정해진 대로 · 124 | 하늘의 미소 · 125 | 강물에 덧끼어 흐르는 안개처럼 · 126 | 세상에서 가장 먼 여행 · 128 | 그늘論^론 · 130 | 마음의 길 · 132 | 변기와 배설 · 134 | 淨水器 시대 · 136 | 해파리와 어부 · 137 | 갈등 · 139 | 마무리 한 수 · 141 | 우리는 내일을 모르고 산다 · 143 | 촛불 · 144 | 재개발 · 146 | 그림자 · 148 | 돌탑 · 150 | 영정 사진 · 152 | 내 것이 아닌 삶 · 153 | 낙엽과 인생 · 154 | 소나무의 세월 · 155 | 연두빛 반란 · 157 | 어느 묘지명(墓碑名) · 158 | 우리는 모르는 사이에 늙어갑니다 · 160 | 미래의 시간이란 · 162 | 암초와 파도 · 164 | 코로나바이러스 감염증-19(COVID-19) · 166

제1부 시간 속에 갇힌 새처럼

당신의 바람꽃

봄바람에 드러난
당신의 머리도 이젠 바람꽃이 되었구려.

살아온 삶의 세월 동안 얼마나
회한으로 맴돌았을까?

흰머리 들킬까봐 염색하던 날
여기저기 묻은 검정색들은
당신을 바람꽃으로부터
얼마나 멀게 왔나를 말해줍니다.

지친 인생을 머리에 쓴 것처럼
하얗게 멋을 부린 바람꽃
곱군요. 꽃으로 핀 당신의 얼굴

염색으로 물들인 모든 것이
바람꽃이 되기 위한 연습일 줄은
지난 세월 나도 몰랐답니다.

(결혼 40주년에 아내에게 바치는 獻詩)

산불1

모든 게 끝난 거라 말했을 때부터
삶은 시작되고

잔해들이 산불을 증명했을 때부터
성장은 시작된다.

산불로 하늘이 열리고
숲을 덮었던 커다란 잎들이 걷히며
때때로 그랬듯이
땅의 승리처럼
새로움이 열리던 세상이 그랬다.

기득권에 가리고
햇빛이 가로막힌 암흑 속에서
억울함인들 작았을까마는
계절이 바뀌면 이뤄지겠지
약속의 기억뿐인데
망각의 시간들은
자신이 얼마나 원망스러웠으랴.

싹이 트고 줄기 뻗으며
하늘의 의지를 확인한 만큼
이제 숲도 각자 도생하며
생존법칙을 찾아
또 다시 떠들어 댈 게다.

산불2

원래 없었던 것이 아니라
원래부터 없었던 것처럼 하기 위해
산불이 일어나고

격동이 있고 난 후에는
원래 있었던 것처럼 보이기 위해
비와 바람을 부른다.

있던 것을 기억해내고
없었던 것을 찾으며
새로움을 일구는 생태계의 비밀

산불은 강제된 리셋이고
포맷을 당하고 나면
다시 인내심으로 뭉쳐
새로운 숲을 만드는
운영체제 進化^{진화}의 약속이다.

제1부 시간속에 갇힌 새처럼

칡넝쿨

아래는 없다.

위로 뻗은 어린 손을 위해
어느 누구도 아래를 말해준 적 없고
위로부터 쏟아질
하늘의 시련을
알려준 이도 없다.

모든 게 당신 것인 양
시험하지 말라 했고
주인이 있으니
공손하라고만 했다.

사력을 다해
사방으로 촉수가 뻗어갈 때까지
어떤 이도 도덕을 말해준 적 없고
생존법칙을 말해준 이 없이
깨달아 살아갈 뿐이다.

경쟁 속에서 살아가야 하는
칡넝쿨의 끈질김도
사는 방식의 한 형태
꼭 우리네 인생을 닮았다.

황무지에서 핀 꽃

차라리 피어나지 않았음이
더 좋았을 거다.

물도 없고 땅도 굳은
그 속에서 너는
극한의 심정으로
소리 없이 절박했으려니

땡볕에 드러나고
바짝 마른 바람 삭막한 땅에서
한 줄기 그렇게 피어나
절박함을 다한 너는
희망의 꽃처럼
책임을 다 했구나

빛바랜 삶일지라도
당당하게 꽃을 피우고
더욱 강한 줄기로
바람에 흔들리지 않을 만큼
황무지에서 핀 꽃
이름 없이 너는
그렇게 피었겠구나.

잡초

세상에 쓸모없는 풀은 없다.
오욕의 순간에도 기다리며 참고
절체절명의 순간에도
최선을 고집 않는 풀
그래서 잡초라 했다.

풀의 가치대로 산 시간은 짧고
잡초로 불린 시간은 길다
살아가는 방향 잃었어도
돌아올 길 명백했던 만큼
잡초같이 헤맸던 시간들이
내게도 있지 않았던가

잡초의 가치는 세상을 압도한다
어느 때 어느 곳에서도 굴하지 않고
비바람 앞에 저항하며
잠든 가치를 깨우는
선구자를 닮기도 했다.

잡초가 자라야 밭이 갈리고
쓰임새를 잃어야 뽑혀 퇴비가 된다
자신의 존재를 인정받기 위해
일시 몰락은 하겠지만
그 미래의 쓰임을 위해
악착같이 살아나는 게 잡초다.

누군가 길을 잃었다면

누군가 길을 잃었다면
그건 새로운 길을 찾아야 함을 의미하고
정작 길을 잃었다는 것이
모든 것의 잃었음을
뜻하는 건 아니다.

찾은 길 새로워
한때 방황하더라도
처음부터 익숙한 길이 어디 있으랴
익숙해지면 다시
길들여지는 법

한때 잃어버린 길이 서운했음은
이미 익숙했었기에 생긴 투정이니
잃었다는 것이 없어짐이 아니듯
생각의 전환을 이룬다면
길은 더 편해진다.

누군가 길을 잃었다면
먼저 새로운 길이 나타날 거라 말해주고
익숙해짐도 새로움의 시작일 테니
불편함도 차츰 사라질 거라
일러주고 인도한다면
곧 새로운 시작됨도
다른 말이라 생각되지 않을 게다.

인생은 불확실한 길모퉁이

언제 끝날지도 모를
불안 속에서 살아가는 우리네 인생은
길모퉁이일 수밖에 없다.

얻을 수 있는 것은 없어도
돌아가야 만날 수 있고
보이지 않는 곳의 낯설음이 시작되는
꺾어진 길 운전연습처럼
서툰 확신으로
살아가는 우리들

가질 수 없는 것이 있음은
못 가진 삶의 반증이고
가질 수 있는 것이 없음은
잃어버린 삶의 증거

보이지 않는 길모퉁이처럼
돌아가야 만나게 되는
출발점의 모순도 여기에 있다.

선택한 길목에서 만난
길모퉁이 꺾어진 변곡점들은
인생의 전환점이 되고
새로운 사랑처럼
형태를 제공하는 출발점이 된다.

우리는 사랑과 이별을 배우기 위해 산다

사랑을 배우러 왔다가
우리는 이별을 배우고 간다.

그리고
매일 사랑과 이별을 반복하며
순서대로 연습하다가
스스로 배워 깨달아간다

사랑의 틀 속에서
슬픔과 기쁨을 맛보고
이별의 틀 속에서
분노와 허무를 맛보며
그렇게 눈을 뜨고
그렇게 눈을 감는다.

타고난 심부름꾼도
사랑을 전하러 왔다가 이별을 배우고
이별을 체득하려다 삶을 배우고
삶을 살다가 인생에 눈뜨면서
끝내는 사랑과 이별의
의미를 찾아 헤매며
예외 없이 오고 간다.

예고 없이 심부름 왔다가
사랑만 잔뜩 배우고
시간도 잊은 채
이별에 지쳐서 우는 게
우리네 인생이지 않을까 싶다.

만남과 헤어짐

이 만남이 마지막일지라도
슬퍼하지는 마세요
하늘의 선택으로
다시 심부름 온다면
우리 다시 만날 수 있으니까요.

숨 쉴 수 없는 깊은 애정으로
다시 사랑하게 될 때까지
슬퍼할 필요도 없어요
당신이 사는 곳에서
분명 멀리 있지 않을 거예요

기뻤던 마음 슬펐던 마음
잊지 않기 위해서라도
조목조목 기억해두었다가
우리 만나는 날
모두 말해주세요

그리고 헤어진다는 말
상상하기조차 싫지만
사랑하는 사람에게 전할
편지는 꼭 써두세요

기억이 돌아올 걸 예상해
약속 장소도 미리 정해두세요
그리고 마음이 들 때까지
미리 앉아 웃어보세요
만남과 헤어짐은 꼭 그와 같아요.

우산으로 가릴 수 있는 것

우산이 가릴 수 있는 건
분명 어깨 넓이인데
빗속에 남겨진 외로운 고독은
빗물에 씻겨질 때까지
우산보다 커다란
절박함으로 서 있었다.

비 온 날 우산이 가려준
한 폭의 공간에
모든 철학이 동원되고
생각들이 비처럼 빗발쳐
삶이 완성된 거라면
우산이 가릴 수 있는 건
대체 무엇이었을까?

생각은 아직도 빗속인데
정녕 버려짐도 없이
흘러내리는 빗물로 인해
시선마저 작아지니
미숙함을 가려준
우산이 그저 고맙구나.

길 가에 핀 꽃

길 가에 핀 작은 꽃
눈에 보이는 대로 쉽게 피었을 리 없다.

척박한 땅의 조건과
환경의 혹독함이
한곳에 집중될 때

아마 절망처럼 피었을 거다.

버스 정류장

누군가 서있다 사라졌다면
그건 버스가 지나가고 난 후에
벌어진 일상의 풍경이다.

버스가 누군가의 택배일 수는 있어도
꼭 우리가 아는 택배차일 수는 없다.

목적지에 무관심했거나
탈 수가 없었거나
관심 대상이 아니었기에
버스 지나간 정류장은
늘 희비가 갈린다.

버스 지나간 자리에 남은
희망과 아쉬움들은
이 작은 정거장이
결코 세상의 종착지가 아님을 말하는 거다.

떠난다는 건 돌아오기 위함이다

떠나는 건 돌아오기 위함이고
돌아온다는 건
또한
떠나기 위함이다.

떠남과 돌아옴의 기준이
희망적일 때는
믿음에서 비롯돼
헤어짐을 생각 못 하다가

돌아옴과 떠남의 가치가
이기적이 될 때는
불신의 벽에 막혀
돌아오지 않을 꿈으로 변한다.

처음엔 하나였다가
사랑한다는 말 한 마디에
떠날 수 없어 둘이 되니 더욱 그렇다.

길에서 만난 친구가 낯설다

낯설지 않은 반가움에
악수를 나누고 뒤돌아섰는데
몰랐으면 좀 어떠랴.

같은 인생이니 만큼
길 가다 만나면 남남의 서먹함도
친구가 될 수 있는 법

오랜만이라 어색하지만
분명 언젠가는 만났을 테니
좀 낯설면 어떠랴.

커다란 날개

커서 접을 수 없는
날개의 꿈을
어루만지며 새벽을 보낸다.

무엇을 해야 하나
세상이 요구하는 게 무언지 알아야 하는데
날개 때문에 나갈 수 없는
이 촘촘한 새장

세상은 탐내는 자와
혐오하는 자로 나눠지고
오로지 새장을
탈출하는 자 만이
자유를 가질 수 있다.

그래, 날개를 꺾자
세상이 원하는 대로
그리해 작아진 꿈이 될지라도
날개 꺾인 나의 고통으로
세상을 감춰보자

찢어진 날개에서
피가 흐른다 해도
드러내 울지 말고
또 커다란 날개였었다고
말하지도 말자.

눈물

비는
강으로 흘러 짜지 않고

눈물은
내 안의 바다로 흘러 짜다

눈물이 짠 만큼
생활은 늘 苦海와 같은 것

생활이 아픈 만큼
눈물도 고통의 늪이 된다

결국 비와 눈물은 만나
손등에 떨어지고

눈물은 비에 섞여
애당초 바다가 될 운명

임시 저장된 언어를 꺼내 들고
지구에서 버려진 말들을 화성에서 모으고
지난날 빛처럼 달리던
화성에 도착한 말들을
정제시키고 정화시켜 걸러서
다시 지구로 가져오는데

말(馬)은 말(言)이다
말은 늘 입에 머문다
버려진 말과 만들어진 말들이
화성의 말이 되어 사막을 누볐듯이
밤새 달려 지쳐 쓰러질 때까지
농축되고 정제된 의미처럼
PC방에서 오락실에서
길들여지고 버려지다가
다시 수백 년을 돌아
지구로 돌아온다.

말은 지친 언어다.
지치면 말(言)도 말(馬)이 되는 현실
화성으로 간 말들은 최후를 맞고
되돌아온 말들은 여전히
화성처럼 신비롭다.

같은 하늘 다른 삶

다 같은 하늘인데
우리는 서로 다른 삶을 살아간다.

삶의 방식은 다르겠지만
모두들 한 지붕 아래에서 산다.

신데렐라의 유리 구두가 시간을 넘겨도
털가죽으로 되돌아갈 수 없는 것은

같은 하늘 아래
다른 삶이 살고 있기 때문

그게 본질이기에
인생도 바뀔 수 있는 것이다.

---

* 註) **신데렐라의 유리 구두**: 샤를페로(1628~1703)의 「재투성이와 작은 유리신발」에서 신데렐라가 신었던 신은 'pantoufle en vair' 영어로 '털가죽으로 된 신'이었는데 프랑스어로 유리 'verre'가 영어로 'vair'와 같은 소리가 되어서 혼동되었다는 설이 유력함.

가린다고 보지 않음은
가졌다고 버린 것과 같다

기다림 같은 욕심
거부하기에도 늦었는데
버린다고
버려지겠는가

홀로 버려졌음도
버림이라면 한순간은 고통으로
몸부림쳤으리니

숲을 못 본다고
나무의 가치가 훼손될 수 없음을
이제서야 깨달아
가진 만큼 버릴 것처럼
성찰로 비워내지만
가려서 못 보니
버린다고 버려지는 것도 아니다

가졌기에 버렸을 거라고
단정하는 것은
욕심 가득해
아직도 숲을 못 보는 것과
마찬가지일 것이다.

절실함과 소중함

내가 좋아한 그 꽃
모두가 좋아한
그 꽃잎 위에
거미가 집을 짓는다.

절실함의 침묵처럼
덫을 놓고 기다리는 거미
엉겨 붙은 꽃잎 위로
시간이 흐르고
그새 떨어지는 시들은 꽃잎

절실함과 소중함은
결코 다르지 않았는데
生과 死가 갈린다.

시간 속에 갇혀 사는 새

벽이 내준 공간에
미래가 불안한 뻐꾸기가 산다.

드러난 삶의 가치처럼
시간 속에 하루가 모였으니
달빛에 홀린다 해도
늦출 수 없는 타이밍

시간의 여유도 없이
울고 나면 닫히는 창문이 있어
공간은 늘 침묵 속에 잠기고
탈출구는 어김없이
정각에만 열린다

다가오는 다음 시간까지
톱니가 빠지고 시간이 틀린다 해도
울어야 하는 운명처럼
뻐꾸기는 시간에 갇힌 채로도
세상을 움직인다.

뻐꾹, 뻐꾹, 뻐꾹, 뻐꾹…

결혼은 전쟁을 닮았다

결혼은 전쟁의 목적을 닮아
많은 물자를 비축해 전투에 대비하고
인재 확보로 승리를 기약한다.

결혼 생활을 위해서는
城의 탈환을 위한 공성전도 치루고
참혹한 백병전도 마다 않으며
때론 배수진을 치고
달콤한 지략에도 빠지지만

승패는 兵家之常事 병가지상사라
기어이 일어나 고지를 정복하는
환희의 맛을 봐도
그건 어쩌다 생기는 일

피눈물 나는 희생과 고통
그들만의 노력으로
적을 이기는 방법이
병법서로 남겨져도
이 모든 게 다음을 위한 준비물일 뿐

무모한 도전에 일생을 거는
참혹함을 막기 위해
부부가 노력하는 동안
일기장의 축적처럼
흰 머리카락도 늘어간다.

손주

유리창 너머
볼 때마다 신비로운
너의 모습

갈 때마다 말을 건다
누구를 닮을까
우리 손주.

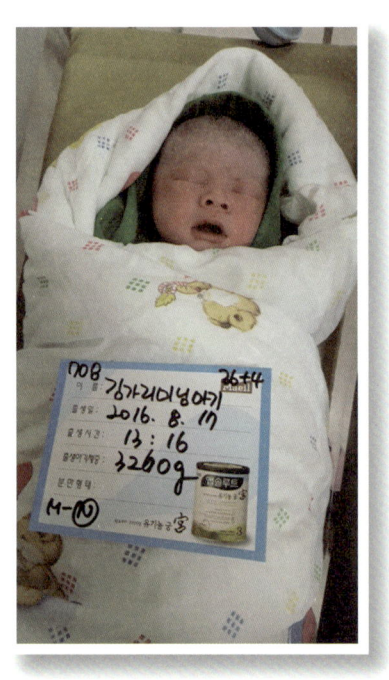

애기 봐주러 가는 길

같이 가는 날이면 애기에 관한 것으로
주제를 삼고

혼자 가는 날이면 길에서 만난 사람들이
날 주제로 삼는다.

젊은 부부의 맞벌이는 세상의 룰
나이 든 부부는 못내 아쉬워서
아들네 딸네 집으로 간다

지척인데도 멀게만 느껴질 때가 있고
발걸음이 무거운 날도 있다.

세상 그리되고 이레저레 늙어가는데
아이들은 몰라보게 금방 큰다.

먼 훗날
애기 봐주러 가는 길에
앉았던 정자는 없어질 테고
아이가 뛰놀던 놀이터는
세상에서 사라지겠지

또 다른 가족의 이름으로
아이들은 살아갈 테고
손주도 그땐 지금이 아니겠다.

특수 상대성 이론의 사랑

우주여행을 하듯
당신과 함께 사랑을 펼쳐보면
별자리의 예언대로
사랑은 힘들지만
새롭게 힘도 납니다.

당신은 지구에서 사랑으로 살고
나는 우주에서 영혼으로 살며
시간과 영혼의 공간 속에서
나비처럼 사랑하다가
생을 다할 겁니다.

메세지 보내는 데 50광년
답장 받는 데 50광년
빛의 속도가 인연이었을 때
당신은 벌써 할머니로 늙었지만
내가 받아야 할 메세지에는
아직도 사랑이 담겨있지요.

중력이 휘는 공간에서
당신을 경험했듯이
느낌으로 다가와 사랑을 전하던
스쳐가는 당신의 그 한마디
목숨은 사랑과 같다는 말
50광년 동안 포기할 수 없음은
정녕 그 말 때문일 겁니다.

풀 한 포기에 스미는 노래

작은 풀 한 포기
돌 틈에서 잘도 살아간다.

갈 곳과 올 곳도 없는
손톱만큼 작은 공간이지만
거기에 철학을 담고
또 일생을 담고
그렇게 살아간다.

작지만 거기에도
비가 내리고 바람이 분다
천둥 치고 눈이 오고
심지어 때가 되면
햇살모임 카페도 열린다.

밤엔 별들이 내려와
작은 풀잎 위에서
이슬 한 잔 놓고
내일을 설계하며

詩도 쓰고 노래도 부른다
길에서 마주친 풀 한 포기조차 돌봐야 할 이유다.

하루의 가벼움

충돌과 모순의
무기력한 현실 속에서
지나가는 하루를 위해
내가 할 수 있는 게
아무것도 없으니
하루가 무슨 의미였더냐.

별이 내려오던 밤
참을 수 없는 미래의 존재처럼
힘든 하루를 보내고 나면
왠지 눈물이 흐른다
언제부터 하루의 의미를
인생이 걸린 것처럼 살아왔을까

지나쳐 갈 것을 알면서도
새벽이면 후회스러워
매질하고 경계하며
또 하루를 시작하지만
지나간 하루는 너무 가벼워
돌아올 줄도 모르는데 말이다.

심부름과 소풍

인생은 소풍이 아니다.
각개전투의 양상을 띤 전쟁이고
그게 본질이다.

용병이 치러야 하는
일촉즉발의 전투가 바로 삶이고
임무를 완수해내야만 하는
최선의 전략이 인생이다.

충성을 다해 전투를 치러내던 날
우리는 그제서야 중요한 심부름 하나를
완성해내는 것이니

전투가 모두 치러지면
심부름의 의미는 잃겠지만
인생이 존재하는 한
전투 없는 삶의 형태는 없다.

인생 심부름을 완수한 날
우리는 소풍을 전투같이 하고
전쟁을 소풍처럼 끝냈음을
기뻐하며 눈감을 것이다.

계단 앞에서

계단 앞에서
보이지 않는 당신을 향해
나를 내려놓습니다.

그토록 본분을 다 했건만
높은 계단 올라보지도 못했으니
계단은 그저 내게 던져준
화두요 숙제일 뿐

진리가 보인다지만
시간이 갈수록 실체는 멀어져만 가고
껍데기와 실체가 존재했었다지만
보여지는 것도 없는데
왜 구분이
필요한지도 모르겠습니다

당신의 초월 능력 때문에
계단은 높아가지만
나는 안갯속에서 알 듯 말 듯
서 있어야만 합니다
진리가 왜 필요한지
꼭 알아야 될 것처럼 말입니다.

인생의 형태

쉽게 사는 인생 없으니
자기 마음대로 사는 인생이 있을 리 없고
혼자 살아야 할 의무 없으니
같이 살아야 할 책임 없고
평생을 짊어질 세상도 없다.

무책임하게 살아가고
재고처럼 살아남아
덤으로 살아가야 하는 삶과
절대적 가치를 富에 맞춘 세상

이게 우리가 아는 인생의 형태다.

아픔을 못 이겨 태어나야 하는
어린 생명이 있는가 하면
태어나자마자 금수건에 싸여 태어나는
어른스런 삶도 있다
하지만 살다보면
그들의 삶도 결코 평탄할 수 없는 법

올 때는 우렁차고 당당한 빈 수레였어도
갈 때는 무거운 짐 때문에
숨소리마저 찌그러진다
올 때와 갈 때의 모순점은 있지만
그렇다고 실존적 가치가 없는 것도 아니다

이것이 내가 아는 삶의 형태다.

제 2부 남은 인생 남을 인생

남은 인생 남을 인생

바쁘다는 이유 하나 만으로
용서받을 인생도 없고
바빴다는 이유 하나 만으로
대우받을 인생도 없다.

남은 인생은 아직 쓰지 못한
용서의 카드를 말하며
못다 쓴 히든카드는
일러 남을 인생이라고 한다.

겪어보지 못한 미래가 두렵다면
인생 적게 남은 선배를 가까이하고
자신 있게 살아갈 삶이 전부라면
살날이 많은 후배를 가까이하자

태어남은 연습이 필요 없지만
살아가야 함은 꼭 연습이 필요한 법
언젠가는 익혀야할 것들이지만
한꺼번에 익힐 방법 없으니
연습이 필수인 것이다.

살아온 시간의 많고 적음이
인생의 완성을 뜻하는 건 아니지만
남은 인생에 반비례하는 만큼
남을 인생 연습이 필요한 이유다.

꽃잎

부는 동남풍에
꽃향기가 불어왔음은

역경을 이겨내고 피어날
용기가 있어서고

얇은 꽃잎 하나로
나라를 지켜낼 수 있음은

꽃처럼 피어날
청춘을 가졌기 때문이다.

언어의 바다

정녕 인생은 하나인데
누구는 더디게 간다 하고
누구는 빠르다 한다.

각자 정해진 旅程^{여정}은 다르지만
시간은 서있어도 안 되고
빨리 흘러가서도 안 되는데

삶이라는 바다에 누워있으면
빗줄기 쏟아지고
거기에 빗물 고이면
무게를 못 이긴 빗방울
느닷없이 떨어지고
인생도 튕겨 나간다.

이 요란한 순간
누구는 인생이 절박하다 하고
누군 인생이 아름답다 한다
인생이 언어에 농락당하는 순간이다.

빗속의 自我자아를 찾아서

수면 위로 떠오른
꺼낼 수도 없게 된 육신
빗속에서 自我자아를
끌어안고 통곡하노라.

옷은 너덜거리고
머리는 산발하고
몸은 퉁퉁 불은 채로 있어
마음의 눈 때문에
껍데기임을 알았구나

몸뚱이를 거두지 못해
못내는 괴로웠지만
영혼인들 껍데기를 원할 텐가
껍데기인들 속박을 원할 텐가
물에 잠긴 영혼에게나마
나는 自我자아를 찾아서
가치를 부여해주고 싶었던 거다.

풀잎과 바람

풀잎은 삶을 영위하기 위해
수시로 바람 앞에 눕는데
어째서 바람은
묻지도 않고
눕히려고만 하는가

하늘은 하나인데
낮과 밤이 따로 돌고
어째서 나는 그 속에서
오늘 밤을 겁내며
혼자서 내일을
두려워해야 하나

그새 풀잎처럼 누운
작아진 내 모습
이젠 미소 짓기도 싫어
옷깃을 열어젖히고 산다.

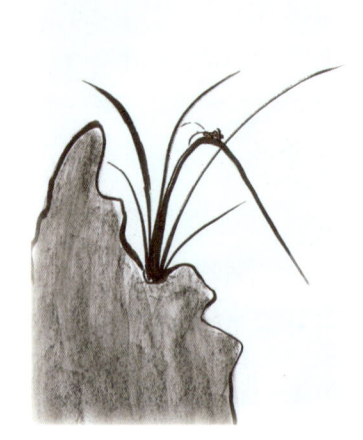

때론 빗나간 인생이 아름답다

껍질을 깨고 태어나는
병아리의 부활처럼
번호는 순서대로 붙겠지만
때론 순서의 착각마저도
고마울 때가 있다.

빗나간 인생의 거리만큼
세상 거칠고 도착점은 무자비해
뒤섞인 순번조차도
눈물로 채워진다면
그게 현실인 거다.

잘살아도 충돌이 있고
못살아도 다툼은 있을 테니
모진 삶처럼 빗나갔던 인생도
가끔은 아름답게 자라
세상을 빛나게 하니
인생 빗나갔다고 되돌리지는 말자.

좋은 사람 나쁜 사람

모두가 착할 수 없다면
결국 나쁜 사람 생기는 법

세상이 좋고 나쁨을
모두 품고 살아가는 한

자칫 좋은 사람 나빠지고
나쁜 사람 좋아진다

하나같이 우리가 보아온
현실임을 어쩌랴.

우리는 얼마나 사랑받고 살았나를 모른다

얼음에 갇힌 조각배가
물 위에 띄워지기 위해서
겨울에서 봄까지
얼마나 많은
인내가 필요했을까

자신이 조각배였다는
사실을 전혀 몰랐던 것처럼
항상 절묘한 순간에
상황이 나타나니

유용함은 말할 필요도 없고
고마움 이루 설명할 필요는 없지만
이제와 생각해보니 꼭
당신의 사랑이 그랬습니다.

하는 일 잔소리로 채워졌지만
얼었던 호수가 녹아내릴 정도의
햇살처럼 당신은 내게
언제나 사랑이었던 겁니다.

가야 할 길

가야 할 사람은 내일이 있어서고
멈춰야 할 사람은 오늘이 있어서다
돌아볼 줄 알면 어제가 보이고
다가설 줄 알면 현실이 보인다

언제든 동행을 요구하고
언제든 취소를 받아들이며
익숙함과의 마주침에도 불구하고
늘 용기를 필요로 하는 현실
우리의 낯선 인생길이다.

비 오는 날 비 맞은 채로
개구리의 울음소리를 듣는 것만으로도
우리는 인류의 출현과 맞먹는
사건과 만나는 것이고

눈 오는 날 눈 맞은 채로
봄이 움트는 소리를 듣는 것만으로도
우리는 만물을 일깨우는
의무를 다하는 것이다.

무한한 감동이 전해오는
경이로움의 공감 속에 갇힌 삶처럼
모습은 후줄근할지라도
인류가 지향한 대로 가야만 하는
우리는 낯선 사람들이다.

손님

먼 데서 온 손님은
사연을 듬뿍 가지고 온다.

무거워 상다리가 부서져도 괜찮고
마주해 접시가 다 깨져도 괜찮을 거라면
머나먼 이국 소식이면 어떠랴

때론 기쁨에 들뜨게 하고
때론 슬픔을 안겨주기도 하고
때론 아쉬움도 남긴다

이 모든 것이
꽤나 익숙해졌을 때
먼 데서 온 손님은
동경과 기대만을
남긴 채 떠나가고

우리는 남아서
또 내일을 기다린다.

迷兒

아이가 길을 잃었는데도
누구 하나 관심이 없다

몇 시간째 울었지만
집 찾을 방법은 없고
버스 정거장에서
잠들었을 뿐이다.

낯선 두려움에 떨다가도
잠이 들면 떠오르는 그리운 집
당장 찾을 수는 없어도
꼭 가야만 하는 그곳

병아리처럼 길들여져
가야만 하는 고향이라면
아이는 확실히
길을 잃었음이 맞다.

만남이 어려운 이유

만남은
때와 장소를 맞추기가 어렵고

헤어짐은
핑계를 드러내기가 어렵다

무수히 많은 삶의 형태가
만남을 이유로 존재하는 한

핑계도 늘어날 것이고
거짓말도 늘어날 것이다

그래서
만남은 핑계를 만들기가 어렵고

인생은
헤어짐을 드러내기가 어렵다.

흔들리는 도시

도시는 잠자고 있는 중.
아무것도 보이지 않는 김 서린 차창이
그것을 증명한다.

앞 후미등은 도시를 얘기하고
반대편 전조등은 인내의 고갈됨을 말하고
안개가 그것을 증명한다.

무엇을 거기에 비유하겠는가
보이지 않는 평화처럼 안개가 다가오고
필요 없는 슬픔이 내비친 도시에서
잠이 나의 구세주라면
현실은 나를 버린 꿈

꿈이 현실이었듯이
현실 속에 내가 들어 꿈이 되는 모험
안개로 세상이 감춰질 때
꿈은 흔들리고
처음부터
도착점도 없었다

평행선의 흔들림까지
모든 건 차 안에서 이뤄지고
내릴 때까지 남아있는
김 서린 窓은 온통
잠든 세상을 예고한다.

스노우볼 도시

차창 밖 어항 속에선
날개 달린 삶들이 일상의 탈출을 꿈꾸고
일탈을 꿈꾼 삶들은
어항 밖에서
집 짓길 원했다.

도시는 탈출을 원치 않지만
길 위의 차량 행렬은
갈수록 거세지고
발 씻을 물과 지폐 조형물로
모든 걸 흡수한 도시

상상 그 이상으로 지어진 집들이
어항 속 모래집이었다면
쏟아진 물로 무너졌을 텐데
오랜 시멘트 벽돌 구조는
갈수록 단단해져 간다.

조명의 그늘 속에서
보이지 않던 실체가 서서히 드러나고
화려한 도시는
모든 걸 지키기 위해
전설을 꿈꾼다.

흔들어진 별가루가
도시 곳곳에서
최면을 걸기 때문이다.

딱따구리 소리

딱따구리의 두드림 소리는
산속의 맥박이다.

생의 고통을 덜기 위해 두들기던
작은 스님의 허탈한 울림소리 같기도 하고

융통성 없는 철학자의 꼭 막힌 소리와도 같고

큰스님의 다급한 깨달음 소리 같기도 하다.

순간 이동을 한듯 멀리서
또 다시 들려오는

숲속의 맥박 소리

또르르르 또르르르.

所有소유와 消滅소멸

천하를 다 가졌더라도
내게 필요한 건
단 한 평의 공간뿐

所有소유를 전제로 할 때
私有사유는 시대의 아픔일지 모르며
고통은 치유를 전제로 한 소유
소멸은 기쁨과 슬픔을
동반한 상생이다.

자신의 아픔만을 부각시키려
골몰하는 사람들은
내 기쁨이 타인의
기쁨이라 알고 갑질하는 것이고

남의 아픔이 내 아픔임을
알아가는 사람은
남의 기쁨이
내 기쁨임을 알고 희생하는 것이다.

白旗백기

통상 白旗백기를 들고 온다는 건
멀리서부터 왔다는 것을 의미한다.
건널 수 없는 江의 얘기를 비롯해
되돌릴 수 없는 결과에 의지하며
뼈저린 속죄 같은 후회를 동반한다.

삶 속에서 백기를 들었다는 건
생각하기 싫은 엄청난 일이다
한 사람의 인생이 강제로 마무리되고
그가 알고 있던 모든 것들이 지워지고
그를 알던 모든 사람들과의 관계가
불평등을 시작했다는 것을
의미하기 때문이다.

백기를 들었다는 이유만으로도
인생의 지배 과정이 생략되고
테러와 같은 만행으로 비쳐질 수 있는
웅크림을 성숙 과정쯤으로 치부될 때
우린 또 다른 만행을 보게 될 것이다.

다시 말해 통상 백기를 들었다는 것은
각자가 선택해 사는 방법의 멸실을 뜻하며
뚜렷한 방식으로 삶이 종료될 때까지
상대방으로부터 나약함을 증명당하는
加虐가학의 교차점에 도달했음을 뜻한다.

蓮燈연등에 쌓인 먼지를 불며

蓮燈연등을 입으로 부니
먼지 입자의 여행이 이야기처럼
눈앞에서 날아오른다.

폐부 깊숙이 빨려든 먼지
연인들과 뒤섞이고
자신의 인연처럼
마술같이 다가온 여인

수많은 고민들이
세월처럼 쌓여갈 때
결단이 필요해
서로 입 맞추며
연연해 손잡은 인연이었다

사랑에 갇혀 마주했지만
이른 새벽 얼굴이 낯설면 어떤가

기억했던 모든 것들이
그림자처럼 손가락 사이로 빠져나가는
익숙함의 緣起^{연기}가
오히려 낯선 어젯밤인데

연등 위에 쌓인 추억들이
불어 흩어져갈 때
우리는 그것을
이별이라 부른다.

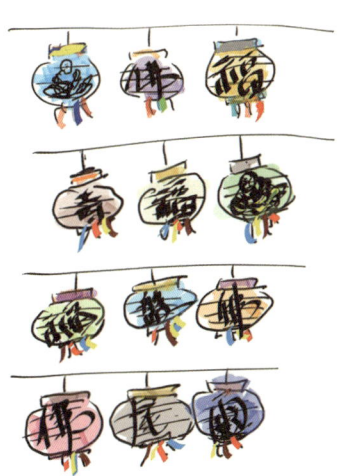

* **註) 緣起:** 만물이 인연에 의해 생기는 일

초월

가지고 싶다고 다 가질 수 없고
주고 싶다고 다 줄 수가 없다

오직 하나 사랑만이 초월해

가지고 싶을 때 가질 수 있으며
주고 싶을 때 나눌 수 있다.

망각과 무관심

중대한 오류처럼
개개인의 감정에 갇혀버린
버려짐과 잊혀짐은
기억의 잔혹사다.

凍土에 꽃 한 송이
경이롭게 피워났다면
무관심조차 소중해
고마울 때도 있지만

꽃잎 아무도 모르게
쓸쓸히 시들어갈 때면
외로움도 잊혀짐도
망각의 강을 건넌듯
잊혀져서 슬프다.

무관심이 두렵고
망각이 무서운 이유다.

눈(雪)의 의미

누군가 처음으로
눈 위에 발자국을 남겼다면
그건 길을 잃었거나
길을 몰랐거나
길을 벗어났음이다.

누군가 처음으로
눈 위에 길을 만들었다면
그건 소신이 넘쳤거나
고통이 있었거나
열정이 남달랐기 때문

또 누군가 처음으로
눈 위에서 눈덩이를 굴렸다면
그건 물리학을 배웠거나
연인을 위해서였거나
눈의 의미를 알기 때문이다

그리고 누군가
아름다운 눈을 처음 본다고 했다면
그건 세상이 덮히고
무게에 눌려
벗어날 수 없는 고통이
감춰져있음을 알지 못함이다.

마술사와 눈(雪)

커튼처럼 쏟아지던 눈이
하늘의 눈썹처럼
땅에 내려 쌓인다.

도시의 상자 속에선
벌써 하얀 장미가 꺼내졌는데
마술사는 하늘을 닮아가고
버스는 비둘기를 닮아간다.

세상이 눈 이불에 덮히고
마술사가 비둘기라도 날리면
나무에서 떨어지는 눈사태
모자에 가득 찼으리니

모자 속에서 꺼낸
스페이스 카드는
손에 쥔 구름
또 함박눈이 쏟아진다.

내리고 또 내리고
소리 없이 창밖이 다할 때까지
분리된 신체의 비밀도
하나 둘 셋 사라질 것이고

발자국을 묻어버린
도심의 침묵 시간 속에서
길모퉁이 가로등도
기다린 시간만큼
눈 덮힌 마술봉이 된다.

이 가을을 고발합니다

화려했지만 거만하게 왔습니다
거대한 색채 마술사처럼
하늘도 훔쳐왔습니다
그래서 이 가을을 고발하려고 합니다.

가지 끝 햇살도 기소합니다
동의 없이 깃든 바람도 기소합니다
가을의 오만방자함으로
연인들을 흔들어댄 죄
나는 이 가을을 기소하려 합니다.

단풍의 운명을 위해서 나는
계절에도 수갑을 채우고 싶습니다

가을을 남기기 위해 희생을 각오한
마지막 잎새도 고발하렵니다

울긋불긋 물들어 시선을 방해한
거리의 가로수도 고발하고 싶습니다
풍기 문란죄를 씌워서 말입니다.

그리고
당신의 얼굴마저도 잊게 한
이 가을 단풍의 오만함을
나는 고발하고 싶습니다.

대왕 저수지의 가을

마른 부들의 숲도
한때는 생명이 넘쳐나던
광란의 장소였으리라.

겨울이 찾아와 사랑도 식고
애정까지 사라지고 나면
빈 둥우리만 넘쳐나는
갈대 수초 밭 풍경

상실의 색이 누렇게
마른 갈대에 머물렀을 때
놓친 여름은 더 화려했고
풍미로운 중년의 멋은
오히려 되살아나니
그로 인해 겨울은 깊어간다.

길 따라 맛집 간판들이 모여있는
피아노 같은 풍경들
저마다의 이유로
기억을 놓칠까
오늘도 저수지엔
사람들이 모여든다.

들국화

외롭게 핀 들국화
무엇을 얘기할까 생각하다
바람 앞에 까딱
내게 웃고 있지요.

밟힐 듯 흔해도
작고 귀여운 품격 있는 얼굴로
오늘도 하루 종일
당신 생각에
해걸음만 짧은데

기억을 잃은 듯
세상을 잊은 듯
야생의 꿈처럼 피어난
한 무더기 산에 핀 들국화

향기는 하늘에 남고
진한 그리움은
내 가슴에 남았지요.

송충이

시간이 흘러
아무 이유도 없이 떨어진 꽃잎과
기억 속에 남은 벌레는
모두의 착각일 수도 있다.

꽃의 형태가 부서지고
세월마저 웃자라면
세상이 불러낸 자신의 이름처럼
송충이가 변태하듯
마음도 떠났음이니

이젠 색깔로 꽃을 알고
느낌으로 나비를 알아야 한다.
날아가는 대로
피어나는 대로
세월의 뒤안길에서
사춘기에 길들여진 채로

화장하던 송충이가
나비일 수도 있고
꽃송이일 수 있는
羽化⁽우화⁾의 단계에 드니
바로 당신의 변신이 아니겠는가.

북한산이 살아가는 방법

지친 당신을 위해
일절 불평을 말한 적 없다.

결국 바위산이지만
계절을 다 보내고도
더 줄 수 없음을
아쉬워하는
다른 형태였다.

봄에는 꽃을 피우고
여름이면 당신을 물로 구휼한다
가을엔 단풍 잔치
겨울이면 하얀 얼굴
첫사랑 같은 산

사람들의 얼굴을
모두 기억하려 하고
만나는 사람들을
잊지 않으려
변신을 거듭해
산을 사랑하게 만들고
갖추지 않은 자들은 경고한다.

늘 그랬다
그게 북한산이 살아가는 방법이다.

어떤 의미

처음부터 잘한 사람은 없다
그렇다고 계속 잘하는 사람도 없다
삶이 의미를 잃기 전에
가치를 되돌아봐야 하는 이유다.

인생길 찾다가
심부름의 의미가 깨달아지는 날
하늘이 당신을 품을 것인데
정녕 무엇이 두려울 텐가

아는 사람이
죽었다는 소식이 들려왔을 때에서야
우리는 그 사람이 얼마나
치열하게 살아왔는지를
어렴풋이나마 알게 된다.

생활 속은 늘 어둡지만
터널 끝은 언제나 밝아짐을 품고 산다
그 의미를 알았다면
이제라도 고맙게 살자.

흔적

우연을 가장한 흔적이
가장 정직한 진실인 듯하다.

똥 밟은 자국이 길에 남았다면
오고 가는 사람들의 표적이 될 뿐이고
누가 쌌느냐는 문제가 아니다
분별하지 못한 발자국이 더 큰
흔적으로 남기 때문이다.

냄새가 세상을 진동시켜도
책임은 바람에게 있으니
발자국들이 세상을 휩쓰는 거다

흔적은 우연히 나타나지만
이와 같이 무책임한 데서 시작해
역사로 나타날 수도 있는
개연성을 가진다.

흔적으로 시작된 발자국
가히 우연 하나로도
세상을 짓밟을 수 있음이다.

똥파리에게 고함

쫓기 위해 나는 것과
쫓기기 위해 날아야 하는 것은
처절한 논리의 다름이다.

바람은 천 리 밖을 날게 하지만
향기는 만 리 밖에서도 풍겨온다

주어진 대로 너의 날개는
최선을 다해 공간 속을 날았다지만
향기에 취한 채로
꿈도 펼치지 못하고
버림받을 때가 되어서야
세상에 남는 것이 최선임을
알게 될 것이다.

쓰여짐의 다름을 쫓아
세상을 바라보자
너에게도 가치는 있을 것이니
세상 귀찮게 하지 말고
너만의 존재를 위해
똥의 세계라도 찾아가렴.

제3부 정해진 대로

詩시의 用處용처

사랑할 수 있어 고마운 사람과
사랑만 해도 그저 고마운
그런 사람은 말을 해도
모두 별 같은 詩語가 되고

사랑하지 못하는 사람과
사랑을 받지 못해 미안한 사람
그런 사람의 말들은
모두 길 잃은 詩가 된다.

詩에 사랑이 베어졌을 때
우린 사랑을 잊은 채
살았음을 인정해야 하고

절실하지 못한 詩에
현혹되었을 땐
사랑 없이 살았음을 수긍해야 한다.

마치 눈송이가
바람에 얽혀 떨어질 때까지
결코 눈이 아닌 것처럼

사랑이 완성될 때까지
詩語들과 얽혀 살아남지 못한다면
그건 사랑이 아닌 것이다.

청춘의 꿈

이룰 수 있는 꿈이거든
가슴에 담고

이룰 수 없는 꿈이거든
마음에 새겨놓자.

한때는 가슴에 雄志웅지를 품고
용암처럼 끓었으리니

기관차처럼 꿈이 담겼다면
벌판을 달리게 하고

달릴 수 없는 꿈이라면
나무에 걸어 바람 일게 하자.

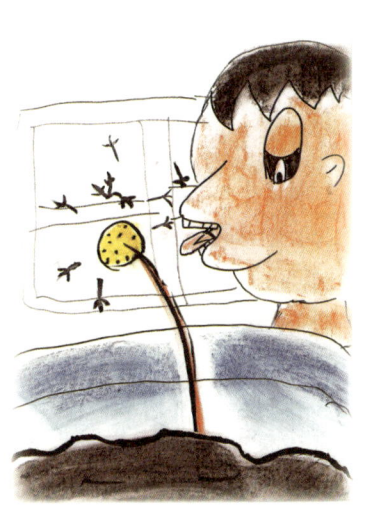

사람은 시련으로 큰다

아프지 않고 크는 사람 있을 리 없다.
작은 사람에서부터
큰 사람에 이르기까지
사람들은 하나같이
아픔을 감추고
웃으며 산다.

무엇이 아픔인지도 모른 채
태어나는 생명이 있는가 하면
무엇이 기쁨인지도 모르고
스러져가는 생명도 있다

사랑과 이별을 밥 먹듯 하는 청춘도 있고
하루 만에 인생을 완성시키는
이슬 같은 하루살이도 있다.

수많은 사람들이 만나서
끊임없는 갈등과 알력 속에서
모래알 같은 만남처럼
스쳐 살다보면
오직 한 줌의 재로 남겨지기 위해
살아왔음을 알게는 되겠지만

긴 여정 되돌아보면
시련으로 점철되지 않는 순간이란
결코 없을 듯하다.

나팔꽃 세상

담장 너머에선
번개 치고 돌풍 불고
늙은 나무가 쓰러지는데
말없이 기어 올라온 어린 줄기 하나
저만큼 나팔꽃 웃기에
판자를 사이에 두고
그냥 고개만 까딱

담장 아래로는
개울물이 흐르고
기우뚱 흘러가는 종이배는
누군가 짊어져야 할
꿈이지 않을까
싶다만

불현듯 담장 위로
활짝 핀 꽃을 보았으니
낸들 이 기분 어쩌겠느냐마는
금수저로 보이는 그 꽃
웃는 건지 비웃는 건지
알 수 없는 나팔꽃

여기저기 피어나는 대로
햇살맞이를 한다.

정해진 대로

어차피 떨어질 낙엽인데
바람은 왜 불어
갈 곳을 못 찾게 하고

어차피 이별을 위한 삶인데
사람들은 왜 울어
세상을 시끄럽게 할까

정해진 대로 가는 것이
우리네 인생인데
팔 벌려 막은들 무엇이 달라질까.

하늘의 미소

세상은 두 부류의 사람으로 나뉜다
일상의 평온을 전쟁처럼 치러내는 사람과
전쟁 같은 삶을 미소로 이겨내는
사람이 그것이다.

미소의 어려움은 각자에게 있고
겸손은 하늘에까지 어려움을 미루지만
어려움과 쉬움을 이겨내는 동안
사람은 인격으로 드러나고
미소는 가치로 드러난다.

하늘을 짊어지고 일상을 두려워할 때
어린 아이들은 말없이 당신을 따를 테니
당신의 미소는 곧 하늘이고
미소 띤 당신은 길잡이다
알고 보면 쉬운데 세상이 어렵다.

강물에 덧끼어 흐르는 안개처럼

강물에 덧끼어 흐르는 안개처럼
그렇게 흘러가고 싶었다.

세상 모든 허물을
강물에 흘려버리고
내 안에 낀 삶의 마지막 찌꺼기까지
하나씩 물속에 던지며
찾아온 친구와 함께
흐르는 안개 속을
옷자락이 보이지 않을 때까지
그렇게 흘러가고 싶었다.

안개 주머니 속에는
보이지 않는 삶들로 가득 채우고
잊었던 누군가가
나를 기억해
불러낼 때까지

마치 기다렸던 것처럼
눈을 감고 책장을 덮으며
저 강물에 덧끼어 흐르는 안개처럼
나도 그렇게 흘러가고 싶었다.

세상에서 가장 먼 여행

오늘의 자정을
명왕성을 향해 떠난 시각이라 해두자
그곳을 태양계의 끝이라 부르고
못 잊어 제자리일 것 같은
우주의 잃어버린 세월
이제부터 나는
세상에서 가장 먼 여행을 떠나려 한다.

우주 끝 먼발치에서
태양을 바라보며 발걸음을 멈췄거든
기약 없이 누군가를 기다렸던
아련한 시련 따위는
안착을 위해 버리기로 하자

숨어서 보일 때를 걱정하며
중력을 벗어날 것 같은
의미 있는 아찔한 여행을 위해
달의 기억은 어둠에 묻고

다시 태양 앞에 다가설 때까지
같은 공전 궤도를 도는 이유만으로도
헤어져야 하는
암흑과 시련을
해왕성의 또 다른 아픔이라 해두자.

* **註) 명왕성 지위 상실:** 2006년 8월 24일 국제천문연맹(IAU)의 행성 기준에 의거 행성으로서의 지위를 상실함. 명왕성을 제외한 기존 행성 8개를 '행성(Planets)'으로 분류함.

그늘論론

그늘은
자아를 일깨우는 안식처이고
우리는 거기서 사는
나그네다.

그늘이 만들어지면
그 품의 넉넉함도 시원하게
상황 따라 만들어진다
크기는 다르겠지만
한낮 땡볕 땀 흘릴 때
그늘만한 것이 또 어디 있으랴.

햇볕 아래 갈 곳 없는 나그네
그늘에 앉아 쉬어가고
같은 방향 심부름꾼
그늘에 앉아 세상을 논할 때
그만 잠이라도 들면

심부름꾼이 나그네였고
나그네가 심부름꾼이었으니
땀을 식히고 떠나는 순간
그늘과의 만남은
임무가 바뀌는
교차점 길목이 된다.

마음의 길

마음의 길 때문에
우린 현실의 길을 간다.

불을 켰어도 눈 감으면
아무것도 볼 수 없는 게 현실이듯
눈 떴어도 자각이 없으면
눈 감음만 못한 것

길은 본래
움직이지 않아도
스스로 보이는 것이지만
눈을 떴어도 길이
움직이는 것은
마음의 흔들림 때문

불 켜진 길 뚜렷한 데도
나아갈 길 바르지 못하면
불 꺼진 길만 못하고
길 찾아 마음의 불을 켜면 되는데
마음의 불을 끄고
길을 찾으니
답답할 뿐이다.

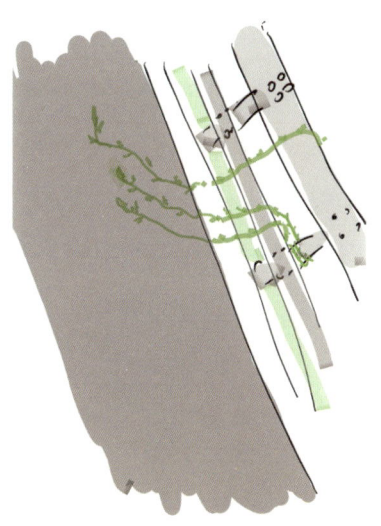

변기와 배설

변기의 깨끗함이 배설을 이끌고
수세식에서 그 道^도가 이뤄진다.

물 내리면 보이지 않는
더러움과 부조리함의 씻겨 내림
내장을 씻듯 흔들며
말끔하게 해결해내는
변기는 단연 善^선이다.

욕망이 변기에 쏟아진 건 아니지만
공간을 채운 심술로 변기가 막히면
배설은 물을 이끌어내고
물로써 변기가 뚫어지면
변기는 이를 견딘다
요술장갑을 끼웠는지
물은 아무렇지도 않다.

박제된 삶에는 배설이 없고
오직 살아있는 것만이 배설을 한다
먹고 마시는 것은 모두 배설해야 되고
소비하는 모든 행위도 배설을 해야 한다
항문과 생식기의 배설은 직접 배설이고
스트레스 배설은 간접 배설인데
갑질 형태로 나타난다.

모름지기 삶에 배설이 없다면
그건 박제된 삶이다.
소화에서 배설에 이르기까지
시간과 세월도 참 끈질기다
인류 모두를 아울렀으니 말이다.

淨水器 시대

깊이 모를 물의 생명까지
두 손 모아 가득 담고
정성으로 퍼 올렸던
한 그릇 井華水정화수를
우리네 어머니는 올리지 않았던가

정화수처럼
두레박에서 퍼 올려지듯
하얀 컵으로 쏟아지는
정화수 50㎖ 한 잔

입 안 가득 머금고
성분을 분석하듯
정수기에 기대어 사는 우리는
디지털 프랑크톤 세대
정성도 렌탈이 된다.

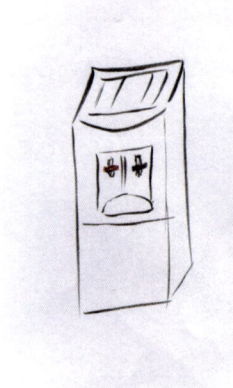

해파리와 어부

떠도는 영혼처럼
시리도록 차가운 바닷물 속에
몸담고 사는
도도함이 경이롭다

누구 하나 없는
망망대해를 터전 삼기 위해
별을 보며 헤엄치던
자존심도 부럽다.

하지만 한 번이라도
삶의 무거운 짐을 바다에 펼친
수평선 어부의 가슴였던가

그물은 부풀었지만
가득 담긴 해파리로 인해
소리 없이 눈물 짓던
어부의 심장이었던가

먼 바다에는
오늘도 각자의 꿈을 꾸며 사는
해파리와 어부가 산다.

갈등

潮流^{조류}에 떠밀려 왔다가
대착점도 없이 떠밀려가는
시대의 아픔들이
광화문에 모여든다.

내내 갈등으로 내몰리는 것은
시대를 잃어가는 메세지

다툼이 시대를 지배했음은
세대 갈등만 더하는 것일 뿐

두꺼비가 틀어막은
항아리에서의 올챙이 삶들은
이미 갈등으로 미래가
채워졌음을 예측케 하고

물 한 바가지 속에 살면서도
싸움과 투쟁으로 일관한 삶들은
갈등으로 시간을 허비할
미래의 형태임에 틀림없다.

마무리 한 수

사람들이 타고 내리는
이동 수단의 마무리 한 수는 역시
버스와 지하철 갈아타기다.

숨 쉴 곳 없는 약자를 파악한
정치인들도 그것을 안다
그들의 마지막 마무리 한 수도
역시 막판 갈아타기다.

갈아타기 외에는 딱히
대안이 없는 것도 현실이지만
우리 또한 그것을 선호한다

더불어 살아갈 공통분모가
갈아타기라 생각하는 그들과
그걸 도시에 사는 묘미라
생각하며 살아가는 우리들

살아가기 위해 머물던 집도
막판 갈아타기가 대세다
선택이 富와 貧을 갈라 세울 만큼
순환 경제의 마무리도
갈아타기가 대세기 때문이다.

우리는 내일을 모르고 산다

내일의 운명을 모른 채
사육되는 동물이 살쪄가듯이
우리도 내일을 모른 채
살쪄가고 있다.

심부름하는 건지
사육되는 건지
구분 못 하는 건 맞지만
각자 삶의 형태가 다르고
설정이 다르기에
차라리 운명인가 싶다.

촛불

촛불만이 정의는 아니지만
치켜든 의미가 촛불로 타고 나서야
그 뜻이 정의였음을 안다.

꼭 불이 켜져야 촛불인 것은 아니지만
꺼진 불을 촛불이라 말할 수는 없고
수많은 사람이 함께 가진 정열도
타오른 희망임을 알고 나서야
그것이 우리의 촛불이었음을 안다.

혹자는 횃불이라고도 했고
혹자는 민중의 염원이라 했으며
또 마음의 표출이라고도 했지만
우리에게 촛불은 다만 정의였을 뿐

평등의 소망을 외면한 촛불이
조국에 안겨선 절대로 안 되는 이유는
젊은 꿈을 짓밟은 소수의 꿈이
변질되어서는 아니 되기에
촛불은 오직 정의로 와야만 한다.

한 개의 촛불이 작다고 할 수는 없다
모여서 수백만이 되면 산불보다 커지는 법
정의 속에 평등의 소망이 담기고
세계가 이 작은 촛불 안에 담기면
작은 역량으로도 세계를 태울 수 있기 때문이다.

재개발

먹지도 쓰지도 않고
꼬박 20년을 몰빵해
집을 살 수 있다는 것은
분명 오만한 세상의 억지다.

내 집을 헐어낸다는
재개발 확정 경축 현수막 아래서
춤이라도 춰야 하는 코미디는
돌아올 수 없는 강처럼
고향을 비틀어대는데
내가 할 수 있는 게
아무것도 없다는 게 우습다.

믿음도 사라지고
있어야 할 자유로운 삶이
대안도 없이 사라지고
오직 혼자가 된 느낌

이제껏 갈등 없이
내 삶을 위해 살아왔거늘
낡은 집 세월을 말하고
창문은 뒤틀려 재개발 하자는데
망망대해 외로운
섬 같은 나는
어디로 가란 말이냐.

그림자

달빛에 그려진 또 하나
홀로 걷는 그림자

짧거나 길거나
너와 나는 한 몸인데

숲에 들어가면 너를 볼 수 없고
깨진 가로등 아래 서면
내가 없어진다.

섞일 수 없는 현실에
그림자 억지로 나뉘고
술 한 잔에
마음이 갈라지니

하나였다가 둘이 되고
둘이었다가 하나가 되면
결국 이 세상
살아갈 인생은
어느 것이었던가.

돌탑

천 년이 지나
내가 저 산처럼 존재하거든
하늘이 부끄럽지 않도록
나를 불러주구려.

백 년이 지나
내가 저 산기슭과 같이 풍요롭다면
계곡의 물과 같은
인생이었다 말해주구려.

십 년이 흘러서도
쌓여있는 돌탑 아직 보인다면
나 여기에 왔었던
흔적이라 말해주고

일 년 후에도
시간이 아깝지 않았다면
비바람에 견딘 돌탑
자랑거리일 테니

시간 내서 찾은 오늘
고뇌처럼 흔적처럼
나도 남고 말리라.

영정 사진

비록 한 사람의 삶이 들어가
돌아오진 못하지만
한 장 사진 속에는
그 사람의 모든 게 담긴다.

인생의 긴 여정도 결국
한 사람의 몫이었듯이
삶을 접으면 기억 속에서
남음도 모자람도 없이
燒紙^{소지}와 같이 사라지는 것

인생을 촘촘히 살았더라도
달랑 사진 한 장으로 남는
삶의 여정만큼은 모두 똑같아서
아쉬움과 부족함 속에서
다름을 인정하고
사라져갈 뿐이다.

내 것이 아닌 삶

등 떠밀려 인쇄물처럼
살았다는 혐의를
끝내 지울 수가 없다.

한 줌의 모래 속에
나를 감춰놓고
神은 당신처럼 살라하지 않았던가

아직도 인생이
트릭인지 현실인지
구분할 수 없는데

삶을 강요당한 것이
나의 죄라면 죄
후회해도 소용없다

그래서 지나온 삶은 언제나
내 것이 아닌 것이다.

낙엽과 인생

낙엽은 죽음의 의미를
계절에 두고
어김없이 생을 마감하는데

사람은 인생의 의미를
철새에 두고
앉을 곳과 떠날 곳을 찾아 헤맨다

떠나고 나면 우리의 인생
흔적이야 있겠냐마는
심부름의 나그네길
가는 곳과 쉴 곳이
틀렸을지도 모를 테니

잘 살았나 못 살았나
인생 궁금하다면
평생을 같이 산 동반자에게
필히 묻고나 갑시다.

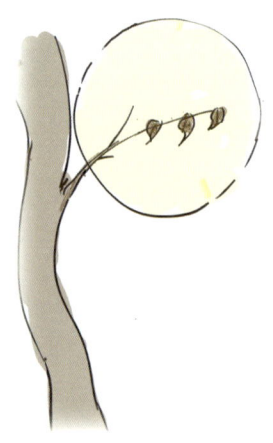

소나무의 세월

저 굽은 소나무
靑陰청음의 그림자마저 변함없으니
산 위의 千歲松천세송인가
골짜기만큼이나
연륜이 느껴진다.

골짜기 바람 소리로
淸風得音청풍득음을 즐길 때
햇살을 막아 그늘 짓던
한 그루의 소나무
우리가 너무 작았음인가

날은 떠밀려갈듯 추운데
초라해지기 전
산 위에 올라
그 옆에 섰으니
瓶凍知寒병동지한을 알겠구나

세월을 이겨내며
산 위에서 우뚝 자랄 때까지
風霜풍상을 견뎌낸 소나무
굽어 굵어졌음을
어찌 게으르다 하겠는가.

* **註) 甁凍知寒:** 중국 北史 崔浩傳에 나오는 구절(화병의 물이 어는 것을 보고 천하가 추운 것을 알게 된다).

연두빛 반란

봄은 언제나
화려한 우산을 쓰고 온다

새로 나온 화장품처럼
세상의 종말이 올 때까지는 그럴 것이다

꽃샘추위를 거부하며
새로운 봄소식으로 무장한
운명인 것처럼
천군만마가 온다.

계절이 바뀔 때마다
봄은 무장한 날짜와 시간의
암호를 바꾸기 일쑤

훗날 어느 겨울 賢士현사가
반란군 암호를 해독할 때까지는
탄생의 색깔처럼
연두빛 봄은
늘 승리할 것이다.

어느 묘지명(墓碑名)

바람 앞에 촛불처럼 앉아
벌거벗은 것처럼 詩를 쓰다가
그저 남긴 것 하나 없이
떠나고 싶습니다.

바람 없을 땐 내가 바람이 되고
촛불이 꺼졌을 땐 내가 촛불이 되어
그 고통을 알알이 태우다가
감당할 수 없을 때가 되면
스스로 불꽃이었으면 좋겠습니다.

다 타면 촛농이 되고
눈물이 뭉쳐져 다시 초가 될 때
나의 詩가 상처로 변해
洗草^{세초}하는 사태가 올지라도
바람 앞에서 촛불처럼
마음 졸여 썼음을
알아만 준다면
나는 괜찮습니다.

* **註) 洗草:** 종이가 귀했던 시절 조선 시대에는 종이를 물에 씻어 재사용했음.

우리는 모르는 사이에 늙어갑니다

나도 모르는 사이에
우리의 만남은 서서히 끝나가고
끝날 징조들은 벌써부터
세월이 증명했었지만
아무도 눈치채질 못했습니다.

철없던 시간이 흘러가고
갚아야 할 대출처럼
세월의 시간들은
잔뜩 쌓이고 말았는데
이제와 생각해보니
덜어낸 기억도 없고
뚜렷한 상환 절차도 없으니
우리 모두 그렇게 늙어가나 봅니다.

되돌아보면 뜻 없는
세월이 서러웠던 것이고
우리의 시간이
고작 여기까지라는 게 슬픈 겁니다.

그나마 늙어가는 동안에도
훌쩍 자라버린 아이들
세상을 키워나갈 것을 생각하니
뿌듯하기는 합니다.

미래의 시간이란

시간이란 품은 자의 것이고
세월은 품지 못한 자의 것이다
오십 년이 흘러도 백 년이 흐른 듯 하고
백 년이 흘렀어도 천 년이 지난 듯 허무한데
이젠 만 년이 흐른다 해도
긴 세월이 아닌 것처럼
내일 또한 멈출 수 없으니

작은 대로 우리 100년을 얘기하자
그리고 다시 10년을 말하자
1년 앞을 내다보진 못해도
분명 당신은 100년을 꿈꾸리라.

내 뜻과는 관계없이
미래는 틀림없이 찾아온다
품을 것인가 말 것인가는
남겨진 당신의 몫

이것만은 명심하자
미래의 시간이란
절실한 자 만이 가질 수 있는
세월의 배려인 것을.

암초와 파도

바다가 불렀거늘 어쩌란 말이냐
파도가 닥쳐온다 해도 난 잠길 수 없고
海溢해일이 덮쳐온다 해도
난 포기할 수 없다

폭풍이 몰아치고
성난 물결 바위를 부순다 해도
세상이 필요로 하는데
난 어쩌란 말이냐.

너울성파도 뒤따르고
쓰레기 바다는 방파제를 깎아내리는데
내가 할 수 있는 건
바다를 지키는 일

작지만 작지 않았습니다
하루하루를 배신하며 살지도 않았습니다
물속에 잠겼던 시간마저도
도전과 시련을 반복하며
드러내려고 했을 뿐입니다.

그럼 제대로 산 것 아닙니까?
머리 위에는 새들이 앉았다 날고
바람마저도 머물다가 가는
외로운 바다 위의 카페
노을조차 멋지게 물들어
모두들 좋다는데 어쩌란 말이냐.

- 누군가에게 붙여… -

코로나바이러스 감염증-19(COVID-19)

불쏘시개를 달고
못난 행성처럼 왔습니다
2020년 2월 중국 우한을 거점으로
무서운 폭발력도 선보였습니다.
잔인한 삼류 복수극처럼
뿔도 달고 왔습니다.

한때 태풍의 핵 속에 든 것처럼
대한민국은 고요했었지만
결국 부스럼처럼 신천지는 터졌고
평화롭던 지역이 무너졌습니다.

자가 격리라는 신종 이별은
가족의 고통까지도 외면했습니다
남편은 아내의 얼굴도 못 보고
아이들은 절망을 체험했으며
늙은 부모는 병상에서 마지막을 보냈습니다
대구라는 한 지역이 속수무책으로
초유의 사태를 감당한 겁니다.

사회 거리두기로 사람은 대면을 피했고
세계는 서로의 대문을 걸어 잠그기 시작했습니다
다양했던 문명은 보이지 않는 바이러스 앞에서
무릎을 꿇을 지경에 이르렀고
세계 경제는 이제 공황을 예고합니다
경제적 멈춤이 시작된 겁니다.

용어도 낯선 펜데믹 앞에서 세계는
교류마저 회피할 지경이 되었지만
대한민국은 아직도 이웃 간의 정을 나눕니다
아직 끝난 것이 아니기 때문입니다
끝나야 코로나도 끝나는 겁니다
해법은 대한민국에서
잡힐 때만이 가능합니다
그게 코로나가 준 오늘의 당면 과제입니다

개미 아무리 빨라도 황새 한 걸음에 비할 바 없고
벌새 날갯짓 아무리 빨라도 독수리 날갯짓엔
속수무책일 수밖에 없는 진리인 겁니다.

<2020. 03. 10.>

* 註) 펜데믹(pandemic): 세계보건기구(WHO)의 전염병 경보 단계 중 최고 위험 등급인 6단계를 일컫는 말. '감염병 세계 유행'이라고도 한다

"같은 하늘 다른 삶"

펴 낸 날   2020년 3월 31일

지 은 이   김영춘
펴 낸 이   이기성
편집팀장   이윤숙
기획편집   정은지, 윤가영
표지디자인   정은지
책임마케팅   강보현, 류상만
펴 낸 곳   도서출판 생각나눔
출판등록   제 2018-000288호
주   소   서울 잔다리로7안길 22, 태성빌딩 3층
전   화   02-325-5100
팩   스   02-325-5101
홈페이지   www.생각나눔.kr
이 메 일   bookmain@think-book.com

· 책값은 표지 뒷면에 표기되어 있습니다.
  ISBN 979-11-7048-056-3 (03810)

· 이 도서의 국립중앙도서관 출판 시 도서목록(CIP)은 서지정보유통지원시스템 홈페이지 (http://seoji.nl.go.kr)와 국가자료공동목록시스템(http://www.nl.go.kr/kolisnet)에서 이용하실 수 있습니다(CIP제어번호: CIP2020012071).

Copyright ⓒ 2020 by 김영춘 All rights reserved.
· 이 책은 저작권법에 따라 보호받는 저작물이므로 무단전재와 복제를 금지합니다.
· 잘못된 책은 구입하신 곳에서 바꾸어 드립니다.